여름詩線집

초록 아래

초록 아래

1판 1쇄 발행　2025.08.15.

글　김도현 김아빈 김지현 박가람 이민서 최찬솔 하지수
사진　김아빈 원서정 최찬솔

발행인　김아빈 최찬솔
편집　김아빈 최찬솔　　**디자인**　김아빈 최찬솔
발행처　독파민 연구소

등록　2025년 3월 25일 (제 2025-000015호)
주소　대전광역시 유성구 죽동로298번길 22 302호 (죽동)
전화　070)8691-0989

저작권자　독파민 연구소

이 책은 저작권법에 의해 보호를 받는 저작물이므로
저자와 출판사의 허락 없이 내용의 일부를 인용하거나 발췌하는 것을 금합니다.

값은 뒤표지에 있습니다.
ISBN　979-11-992117-6-6 (03800)

인스타그램　@dokpamine_lab

읽는 즐거움을 선물합니다.

시
여 름 詩 線 집
　　　선

PART 1 ——————————— p.13

순두부 냉모밀 레시피

고소한 여름

여름 한 컵

[여름, 여름과 여름]

미식

Summer Breeze!

PART 2　　　————————　p.39

청춘극 1

청춘극 2

내일로

오직 하나

Drowning

영원의 여름

여름의 잔상

호시절

파동

PART 3 ———————————— p.69

짝짝이 장화 그림

빗속에서 춤추는 법

툭

장마소년

무지개

여름 감기

PART 4 p.91

사랑의 유영

해 질 무렵

달님

다정이 머무는 밤

잠들지 못한 여름

가을 감기

無言歌

PART 1

PART 1

여름 맛 이야기

아이스크림을 평소에 즐겨 먹는 편은 아니지만, 꼭 요맘때만 되면 습관처럼 막대 아이스크림을 냉장고에 채워 넣습니다. 작은 봉다리를 꽉꽉 채워 든 채 횡단보도를 기다리는 몇 분 남짓한 시간은 유난히 무덥습니다. 결국 참지 못하고 아이스크림 하나를 집었지요. 그새 알알이 맑은 방울이 맺힌 포장지. 혀끝에서 감도는 소다 맛 아이스크림 맛.

작고 달콤한 얼음조각이 몸속으로 들어가자 초록불이 켜짐과 동시에 집으로 향하는 걸음을 늦추라고 명령하는 뇌입니다. 나의 발은 그 명령을 거부하지 못하고 조금 돌아가는 길을 택했으며, 하천 위에 놓인 작은 다리로 향했습니다. 이 시간이면 곧 누군가 하늘에 팔레트를 쏟아버리기 때문입니다.

푸르른 종이 위로 엎질러진 색들이 물들기 시작했습니다. 체리만큼 탱탱하고 와인만큼 붉은 오늘의 해가 지는 것을 바라보았습니다. 그 해의 마지막 일과는 내 아이스크림을 녹이는 것이었는지, 어느새 입에 물고 있던 아이스크림은 흔적도 없이 사라져 있었습니다. 속살을 드러낸 막대를 조금 더 핥아보았지만 씁쌀한 나무 맛만 납니다.

아이스크림의 단맛, 그 뒤에 오는 막대의 쓴맛.

남은 발걸음을 집으로 옮기며 여름의 맛에 대해 생각을 해보았습니다.

몇 년이 지났어도 잊히지 않는 맛이 있습니다. 사시사철 언제든 맛 볼 수 있지만 여름에만 떠오르는 맛입니다.

어렸을 적 살던 집은 초등학교 바로 옆에 붙어있었습니다. 주방 냉장고 옆 창문 너머로 학교 운동장이 훤히 보였고, 등교할 때 할머니가 이름을 부르면 충분히 들릴 정도였지요. 1학기가 끝날 즈음이면 풀이 무성히 자라 시야를 가려버렸습니다. 그리고 방학이 시작되면 제초 작업을 하는 아저씨들과 매미 소리로 굉장히 바쁜 여름이었습니다. 냉장고의 절반만 했던 키의 꼬마 아가씨는 까치발을 들어야만 볼 수 있는 그 창문으로 계절을 읽었습니다.

심심할 때면 창문에서 다섯 걸음 떨어진 곳에 쭈구려 앉아 움직이는 구름을 보며 멍을 때렸고, 가끔 물총을 들고 나타나 시끄럽게 떠드는 친구들을 구경했습니다. 한여름의 빛줄기가 창을 지나 다리에 닿으면 바지는 훌러덩 벗어 던지고 팬티와 레이스 나시만 입은 채 주방에서 현관까지 동생이랑 달리기 시합도 펼쳤습니다. 두 살 어린 동생이 땀방울이 떨어진 마룻바닥에 쓸려 넘어져 눈물이 터졌습니다. 엄마는 우리의 흥분과 열기를 가라앉히기 위해 주방 식탁으로 불러 책 한 권을 꺼냈습니다.

책 제목은 정확히 기억나지 않지만 어린아이가 엄마와 함께 얼음사탕을 만들어 먹는 이야기였습니다. 마지막 책장을 넘기고 나서 우리는 우유와 설탕을 준비하고 다시 식탁 앞에 앉았습니다. 둥그런 보울에 우유를 양껏 붓고 설탕을 쏴아아 쏟았습니다. 동생과 나는 번갈아 가며 열심히 설탕을 녹이고, 엄마는 얼음 틀을 찾아 찬장 구석구석을 뒤졌습니다. 20구짜리 얼음 틀에 설탕 녹인 우유를 붓고 냉동고에 넣어두었습니다. 얼음이 되기까지 기다리는 시간은 여름의 한낮보다 길게 느껴집니다.

더위가 한 김 식은 저녁, 엄마는 완성된 얼음 사탕을 하나씩 입에 넣어주었습니다. 사실 의자를 밟고 올라가 엄마 몰래 하나 더 빼먹기도 했습니다. 쉽고 간단하지만 강렬한 여름날의 달콤함이 입안에 펑 하고 터졌습니다. 그

때부터인 것 같습니다. 요맘때에 작고 달콤한 얼음조각이 생각나는 건.

그 맛을 잊지 못해 혼자서도 만들어보고 아이스크림을 사 먹어 보지만, 엄마와 함께 만들어 먹던 옛 집에서의 추억이 여름의 맛을 내는 미식이었나 봅니다.

그렇게 추억을 타고 짙어진 새빨간 수박의 아삭시원함과 턱밑으로 흘러내리는 복숭아 과육의 녹진한 단맛. 뙤약볕에 속절없이 녹아버린 얼음의 촉촉한 흔적. 갓 쪄낸 단호박에서 퍼지는 달달포근한 향. 이상순의 음악과 매미의 울음소리. 레몬에이드 한 모금의 청량함. 한낮의 햇빛을 품은 빨래의 비누향. 등줄기를 따라 미끄러지는 땀에 흠뻑 젖은 오후. 차가운 국수 면발의 탱글한 식감. 입안에 가득찬 부푼 마음과 그것들을 건네던 손바닥의 열기.

씹히고, 녹고, 터지고, 미끄러지며.
냄새와 빛으로, 땀과 웃음으로.

여름이 오면 이 모든 것들을 통째로 머금고 숨차게 어디론가 뛰고 싶어집니다. 해롭지 않은 선에서 짜릿한, 그 어떤 여름으로.

그게 바로 이 계절의 맛이자, 여름의 별미가 아닐까 싶습니다.

순두부 냉모밀 레시피

재료: 순두부, 메밀면, 꽝꽝 얼린 얼음, 쯔유, 김가루, 와사비

1. 쯔유에 물 넣어서 잘 섞어 주기
2. 만들어진 육수를 냉동실에 넣어 두기
3. 순두부를 그릇에 담고, 들기름과 간장으로 양념 해 주기
4. 메밀면을 삶고 찬물에 열심히 헹구기
5. 면 위에 살얼음 육수 붓기
6. 얼음과 순두부 토핑 올리기
7. 김가루와 와사비는 취향껏~

* 꿀팁: 김가루는 지퍼백에 김을 넣어서
　　　　손으로 부셔주면 쉽게 만들 수 있다!

고소한 여름

반짝반짝 스테인리스 그릇에
얼음물로 빡빡 씻은 국수 담고,
시원한 공물 콸콸 붓고
채 썬 오이, 깨 뿌려 마무리.

엄마는 설탕, 아빠는 소금,
할머니는 열무김치 올려 드시고,
나는 국물부터 시원하게 들이키면
아- 오늘 날씨 참 고소하다!

여름 한 컵

목이 타들어 가는 태양 빛 아래서
크게 숨을 마셔, 여름을 마시며 노래를 튼다.

입안을 맴도는 여름의 내음을 느끼며
좋아하는 가사를 꼭꼭 씹어봐.

한 글자, 한 글자에 담긴 각기 다른 아삭함을
꿀꺽 삼켜 고이 간직하다
마음 깊이 눌러 담은 여름 한 컵.

[여름, 여름과 여름]

수박, 자두와 복숭아,
가로수, 능소화와 선인장,
모래알, 파도와 맥주,
빗방울, 우산과 신호등,
열대야, 창문과 선풍기,
가로등, 열기와 입술,
향기, 머리카락과 손목,
눈과 눈, 손과 손,
지금, 추억과 기대,
여름, 봄과 가을,
겨울, 다시 여름.

미식

전기세 아낀다고 에어컨 트는 날 드문 여름
코흘리개 꼬마는 빤스만 입은 채 드러눕는다.

꽃무늬 민소매 원피스를 입은 할머니와
핫핑크 티셔츠를 입은 엄마는
주방에서 분주하기도 하다.

보글보글 면 삶는 소리,
물에 들어간 얼음이 금 가는 소리,
스댕 그릇에 젓가락 부딪히는 소리,
아삭한 무언가를 자르는 투박한 칼질 소리.

눈을 감고 엄마가 부를 때까지 기다린다.
주방 소리 자장가 삼아 잠 들 뻔한 때에,
열어놓은 창으로 새어 들어온 짧은 바람이
머리카락을 건드려 볼을 간지럽힌다.

그 시절 나의 여름,
추억은 미식이다

Summer Breeze!

선풍기 앞에 앉아
시원한 바람을 에코 삼아
부르는 노래

밥이 다 되어 가는 소리,
시끄럽다던 엄마의 잔소리,
듣기 싫은 모기 소리까지도
멋진 화음을 만들어 준다.

숲을 이룬 초록색 음표들이
내뿜는 바람과 함께라면
무더운 여름도 거뜬히 이겨낸다.

오늘도 나는 노래 부를 힘조차 사라질 즈음
더 맛있는 한 끼를 위한 합창을 마친다.
나뭇잎의 살랑이는 박수 소리와 함께.

얼음 동동 띄운 냉우동

아이스 커피는 필수

뜨거운 태양을 닮은 새빨간 토마토

치악산 복숭아 당도 최고

의외의 여름 별미 : 오이김밥

제주 바닷가에서 먹는
고등어회와 광어회

여름밤의 시원한 생맥주 한잔

여름 최고의 과일은 수박

PART 2

PART 2

여름의 온도

여름의 뙤약볕 아래 서 있을 때면 문득 청춘을 떠올리게 된다. 우리는 사계절 내내 햇살과 바람을 느끼는데, 어째서 유독 여름에만 청춘을 떠올리게 되는 걸까? 봄은 설레는 시작을, 가을은 지나온 시간의 감정들을 떠올리게 한다. 겨울의 바람은 차갑지만, 끝엔 그리움을 남긴다. 그에 비해, 여름은 무르익지도, 식지도 않은 감각으로 가득 차 있다. 정해지지 않은 여름의 온도 때문에 청춘이 떠오르는 것이다.

모두가 청춘이라고 말하는 시기에도, 지금 보내고 있는 시간이 청춘이라는 것을 깨닫지 못할 때가 많다. 청춘은 흘러가는 시간 속에 조용히 스며들어, 같이 웃고 울던 계절이 지나고 나서야 그 빛을 깨닫게 된다. 가까이 있을 때는 그 소중함을 모른 채 지나가지만, 시간이 흐른 뒤에야 비로소 마음 깊이 새겨지는 것들이 있다. 청춘도 그런 것들 중 하나인 모양이다.

어쩌면, 우리는 때때로 지금이 청춘임을 알고 있으면서도, 인정하지 못하고 외면하고 있는 것일 수도 있다. 늘 부족하고, 서툰 모습이 완벽하지 못해서 '이 순간들이 청춘일 리 없다'고 부정해 버리는 마음으로 말이다.

그런 마음엔 청춘을 바라보는 익숙한 이미지들이 영향을 미치고 있다. 사전에서 청춘은 십 대 후반에서 이십 대에 걸치는 나이의 시절을 이르는 말이라고 정의한다. 마찬가지로 '청춘'이라는 것을 느끼게 해주는 청춘물들에서도, 10대 후반에서 20대 초중반의 인물들이 주인공으로 나온다. 드라마나 영화 속의 청춘은 언제나 반짝이고 선명하다. 그런 모습들이 너무나 뚜렷해서, 나의 청춘이 흐릿하게 보일 수도 있다.

하지만, 서툰 마음과 망설임조차 찬란하게. 조금씩 자신을 알아가던 시간을, 나이라는 테두리로 한정하는 것은 너무 일차원적인 발상이 아닐까. 청춘은 각자의 삶 속에서 찬란하게 빛나는 조각들이 모여, 서로 다른 빛깔로 반짝이는 어느 순간일 테니 말이다.

만약에 우리가 여름의 냄새를 머금은 꽃들 속에 스며 있던 그 계절의 존재를 시간이 흐른 후 청춘이라 부른다면, 우리들은 조금 더 어른이 되어있을까? 실패하고 상처 받느라 놓쳐버렸던 여름을 되돌아보며 그때가 청춘이었다는 걸 깨닫는 순간, 우리는 과연 무엇을 배우고, 무엇을 잃었을까. 청춘이라는 말로 시작된 순간들은 전부 처음이어서 모든 것이 낯설고 두려웠지만 한 가지 확실한 것은, 우리 모두에게는 잊혀지지 않는 청춘이 있다는 것이다. 희망과 한숨이 뒤섞인 그 계절의 두려움 속에서도 분명, 우리는 무언가를 배우고 있었다.

청춘은 시간 속에 묻혀 있다가, 불현듯 어느 여름날의 저녁 햇살 속에서 되살아난다. 그땐 몰랐던 마음의 무늬들이, 오래된 필름처럼 우리의 마음에 투영된다. 만약 그때로 돌아가 그 여름의 미숙했던 나를 다시 만난다면, 나는 무슨 말을 해줄 수 있을까. 돌아오지 않을 이 순간을 소중히 하라고?

하지만 지금의 내가, 그 여름의 나보다 더 단단해졌다고 말할 수 있을까. 어쩌면 그때가 나의 전부였을지도 모른다. 우리는 늘, 자신의 최선이자 최대였을지도 모르는 여름에 미련을 갖는다. 그 미련에는 저마다 수 많은 이유가 있겠지만 결국 그 마음의 뿌리는, 청춘마저 완벽하길 바라는 세상의 잣대 때문인 듯하다. 항상 반짝여야 하고, 실패 없이 성장해야 한다는 세상의 기대 속에 우리는 흔들리는 자신을 자꾸 숨기려 한다. 그 모든 실패와 미숙함마저도 결국엔 우리를 이루는 빛이었다는 것을 모른 채 말이다.

스페인 속담 중 '매일이 맑으면 사막이 된다'는 말을 좋아한다. 슬픔과 어려움이 없는 삶은 오히려 메마른다는 뜻이다. 적당한 비와 구름, 고통과 실패는 인생에 꼭 필요한 요소인 것이다. 그러니 어느 날 예고 없이 쏟아지는 비에 흠뻑 젖어 돌아가도 괜찮다. 소나기마저 여름의 냄새를 가져오니까, 우리는 또 하나의 청춘을 이어 나가는 중이다. 흠뻑 젖은 마음에도 그날의 숨결이 배어 있다면, 그 하루는 결코 버려지지 않을 것이다.

우리의 여름에는 분명, 바람 한 줄기에도 마음이 흔들리는 순간이 있을 것이다. 작은 파도에도 쉽게 휘청이고 아프겠지만, 그 불안정한 진심들 속에서 우리는 분명 반짝이고 있다.

'실수 투성이지만 그만큼 가장 뜨겁고 진심이었던 순간'

'지금이 지나면 다시 오지 않을 순간'

청춘은 이런 순간들이 아닐까? 그렇게, 흔들림에도 찬란하게 빛나는 여름을 보내자. 여름은 끝없이 빛나는 청춘의 한 조각이다. 그 안에서 서툴고 흔들려도 괜찮다. 모든 순간들이 너만의 찬란한 여름을 만들어 갈테니 말이다. 너의 청춘도 그렇게 한 계절을 지나, 결국 너만의 방식으로 찬란해질 것이다.

그리고 그 이야기는 분명 아름다운 결말이 될 것이다.

청춘극 1

인생사 한편의 연극이라면
찬란했던 시절의 나는 배우여
저물어 그 시절을 추억하는 내가 관객이어라

밝은 조명 아래
불완전한 호흡
어색한 연기와 대사를 내뱉던
그때 그 배우의
어리숙했던 연극

그 연극이 끝나갈 무렵
어두운 객석에서
한 성숙한 관객이 보내는 박수

그건 마치
이제 떠나야 한다는 신호인 듯
조명이 꺼지고
천천히
막이 내린다

청춘극 2

인생극
나의 청춘엔
박수 쳐주지마
마치 떠나야만 할 것 같잖아
이 무대엔
마지막이라는 듯한
커튼콜은 필요없어
만약 박수를 보낸다면
난 그게 앙코르라는 듯이
떠나가려는 청춘들을 붙잡고
노래할거야

내일로

내일로
기차에 몸을 싣고,
대구지나 경주찍고
울산에서 부산까지
웃다 울고 먹고 취하고
땀 빼고 비에 젖고
산도 바다도
해뜨는 것도 해지는 것도
우리 다 같이 왔다 가자
내일로

오직 하나

내가 녹아내리는 건

내리쬐는 햇빛 탓이 아니라,
쏟아지는 장마 탓이 아니라,
들이치는 파도 탓이 아니라,
오로지 내 눈에 보이는 하나,

세상에 하나, 나를 존재하게 하는

사랑,
오로지 사랑 하나 탓이라.

Drowning

다칠 거 알면서
왜 사랑하냐고?

물의 깊이를 잴 때에는
손 안 대고 코 푸는 편리한 방법이 있겠지만
난 직접 빠져봐야 아는 스타일이거든.

사랑도 똑같아.
이리 재고 저리 간 보면 언젠간 다 마를 뿐이야.
사랑에 빠져봐야 그 사랑의 진짜 깊이를 알지.
한순간 익사 당할지라도.

p.s.
사랑의 깊이는 이별하기 전까진
절대 알려주지 않는데.

영원의 여름

영원의 흐름은 어디서부터 온 걸까.
손에 쥐면 부서질 시간의 조각이
맞물리지 않을 것 같으면,
조금 비켜나가 닿는다.
잊을 수 있는 방법을 잃은 감정들이 넘쳐
부서질 듯 흔들릴 때면,
조금 움직인다.
마음이 몸을 앞질러도
같은 시간을 들이쉴 수 있을까.
우리의 여름은 세상과 다른 속도를 가졌다.
덧없이 커져가는 환상 속에서
영원한 것은 없지만 영원해보자고.
여름의 한 가운데서 닿았다.

여름의 잔상

멋스러운 편지지에 마음을 얹어
여름의 이야기를 써내려가는 오후.

싱그럽게 일렁이던 초여름의 우리를
그리워하는지 묻는다.

찐하게 뜨거웠던 한여름의 우리를
간직하는지 묻는다.

젖은 채로 타들어간 늦여름의 우리를
기억하는지 묻는다.

또 다시 여름이다.

우리가 만났던 계절,
내가 편지를 썼던 계절,
우리가 헤어진 계절,
내가 편지를 지운 계절.

전달되지 못한 편지는 여름 빛에 타들어간다.
이렇게 환한 빛은 왜 한 계절에만 내리는가.
타고 남은 편지의 자리에는
습지의 향을 닮은 듯한 잔향이 지독하게 베어있다.

빛이 닿지 않은 손가락에는 하얀 테두리가 생겼다.
이 자국이 사라지려면 몇 번의 여름을 더 만나야할까.

이 짙은 향과 자국이 전부 사라질 때까지
나는 남은 잔상을 맴돌고 있을 수밖에 없겠구나.

호시절

해방의 후련함
타협의 여지가 없는 단단한 자유
최소한의 옷가지
충동과 본능
대책없는 열기
뜨거운 신음소리
가공없는 날 것
흐린 날의 초록.

여름은 모든 것의 시작이자 모든 것의 끝이었다.
그러니 여름은 호시절 아니겠는가.

지금 내 인생도 여름이라 그렇구나.

파동

네가 떨어뜨린
스포이드 한 방울

그 한 번의 일렁임에
나는 오늘도 출렁인다.

맑은 미소로 퍼뜨린 물살
그 물결에 맞추어
세월을 몰래 둥실둥실 흘렀다.

분명히 분명히
바다였는데 어느새

너를 거친
나의 몸에는
소금끼 하나 없는
물결만이 무늬로 남았다.

가만히 가만히
새겨진 물결을 바라보며
오늘도 나를 흐르게 하는 것은

네가 떨어뜨린
그 스포이드 한 방울

PART 3

PART 3

오늘도, 비가 옵니다.

주먹 하나 들어갈 만큼 열어놓은 창 틈 사이로 선선한 공기가 불어오면 평소보다 조금 늦게 눈을 뜹니다. 거리에는 색색의 우산들이 줄지어 초등학교로 향하고, 젖은 아스팔트위로 물을 튀기며 지나가는 차들의 소리가 들립니다. 지나가는 사람들의 이야기, 아랫집 TV에서 흘러나오는 아나운서의 목소리가 유독 가깝게 들려오고, 창문을 톡톡 두드리는 빗방울은 합주하듯 박자를 맞춥니다. 냉장고를 열어 물을 한잔 들이키고, 선풍기를 틀어놓은 채 유리창을 타고 흐르는 물방울들을 가만히 지켜봅니다.

젖은 수건을 목에 건 채, 시원한 커피 한잔을 들고 책상에 앉아봅니다. 습한 공기는 그 고소한 향기를 한껏 머금고 천천히 흩어집니다. 욕실문을 열어두었더니 창문에는 김이 서려있고, 슬며시 닦아보니 사거리를 메운 차들의 소음이 나타납니다. 시원한 얼음이 담긴 유리잔에 이슬이 맺힙니다.

골목 반대편에서 작은 노란색 우산이 커다란 하늘색 우산과 걸어갑니다. 사랑스러운 걸음걸이를 눈으로 좇다, 물웅덩이로 뛰어들어버리고 맙니다. 튀어오른 물방울들은 바짓단을 따라 안정적으로 자리를 잡습니다. 이어폰에서 흘러나오는 오래된 영화의 배경음악, 우산을 튀기는 빗소리는 박자를 맞춰 귓속을 뛰어다닙니다.

버스 창가에 기대어 에어컨 바람을 느낍니다. 땀과 빗물을 가지고 도망가는 시원한 바람이 고맙지만 내심 서운합니다. 계속해서 흘러가는 회색 풍경 속, 비에 젖은 나무와 풀들은 유난히도 무겁습니다. 이 계절은 항상 녹색이지만 비가 오는 날에는 더욱 더 진해집니다. 모든 색들은 지워지지만, 그 녹색은 더 고고하게 존재합니다.

늦은 오후가 되었지만 아무리 둘러보아도 시간을 가늠할 수 없습니다. 장마는 무심하게 시간감각을 앗아갑니다. 집으로 돌아가는 발걸음은 덜마른 빨래의 냄새처럼 축축하고 무겁습니다. 몇몇 아이들은 우산을 던져 놓은 채 뛰어놀지만, 햇살같은 미소 덕분에 젖어도 젖지 않습니다.

삑삑삑 도어락 소리가 날카롭게 복도를 울립니다. 현관문을 열자마자 에어컨을 틀고 욕실로 들어갑니다. 문이 열리고, 빛을 품은 안개와 함께께 그림자가 흘러나옵니다. 냉장고에서 방금 꺼낸 맥주를 벌컥벌컥 마시고, 찬공기는 겨드랑이 밑으로 흘러갑니다. 마치 현대 미술 작품을 걸어놓은 듯 창가에 맺힌 빗방울은 알록달록한 거리의 불빛들을 품습니다.

아름답지도 않은 노래는 달콤쌉싸름한 향기를 담고, 따뜻하지도 않은 조명은 방안을 감쌉니다. 같이 쓰던 예쁜 우산을 생각합니다. 빗속에서 헤엄치던 친구들을 생각합니다. 고속버스 창문에 흘러 내리던 눈물을 생각합니다. 어머니가 구워주시던 노릇노릇하고 향긋한 전을 생각합니다. 비가 그치고 항상 나를 반겨주었던 무지개를 생각합니다.

창밖에는 여전히 비가 내립니다. 나무와 풀들은 진한 녹색의 소리를 내며 비를 맞습니다. 방안에도 따뜻한 비가 내립니다. 가슴에 품은 초록은 향기를 풍기며 밝아집니다.

오늘 하루도 이렇게 저물어 갑니다.

내일도, 비가 오겠죠.

짝짝이 장화 그림

귀를 찌르는 빗소리에
눈을 뜨자마자 느껴지는 한여름의 진득함
습기 가득 빗소리를 천천히 헤아려 본다.

빗속에서 춤을 추는 나를 그린다.
무슨 우산이 어울릴까?
도트 무늬 우산? 새빨간 우산?
상상에 상상을 덧칠 한다.

그림 속 우리는
장화 한 쪽씩 나눠 신고,
사이좋게 발맞춰 걷다가

물웅덩이에 비친 서로의 모습을
바라보며 아껴 둔 미소를 짓는다.

새로 산 백록색 장화에
힘겹게 이름을 붙이고
드디어 설레는 발걸음을 한다.

"아, 맞다. 우산!"

빗속에서 춤추는 법

예고 없이 쏟아지는 비는, 잠시 쉬어가도 괜찮다고.
그칠 줄 모르고 내리는 비는, 그동안을 다정히 안아주듯.
달려서인지 설레어서인지 모호한 숨이 찼다.
멈춰서야 깨닫는다.
뛰었던 것은 발이 아니라 마음이라는 것을.
한 번 젖으면 더 이상은 두려울 게 없으니
거침없이 빗속에 뛰어든다.
우산은 필요 없으니, 함께 비를 맞자.

툭

장마 지나가면은 찾아오네
여름 무더위피해 숨어있던
이끼 시멘트위로 올라와선
안녕 잘지냈냐고 인사하네
장마 지나가면은 떠나가네
여름 아침과밤을 함께하던
사람 매몰차게도 돌아서선
안녕 잘지내라고 인사하네

    툭
          툭

  투둑

      투두두둑

장마 끝났다더니 비가오네
안녕 인사하네

장마소년

비가 내리면
우산도 없이
뛰쳐나가
비와 장난치던 한 소년

언젠가부터
비가 내리면
비와는 낯선 사람처럼
그저 창밖을 바라볼 뿐

문득 창에 비친 얼굴
그때 그 소년은 사라지고
비를 피하기 바쁜 어른 하나
비는 여전히 장난기 많은데
나만 너무 멀리 와버렸네
비는 매번 내리는데
나만 너무 말라, 말라 있어.

무지개

누군가가 전하지 못한 말들을 쏟아내고 있다.
내가 감히 느껴보지 못한 슬픔이다.
비가 개고 무지개가 걸린
하늘 같은 미소를 되찾기 위해,
그 대가로 누군가의 하늘을 흐리게 한다.

여름 감기

쉴새없이 내리던 폭우 틈 사이로
여름의 행복을 맛보았다.

비를 맞으며 부대끼고 안았다.
딱 세 번 입은 하얀 원피스 너머 몸의 실루엣이 드러나고
흉터 많은 맨발에는 젖은 흙잔디가 붙었다.

오랜만의 외출이 즐거웠는지
집에 와서도 잠들기 싫은 그런 여름날이었다.

에-취!

지독한 여름 감기에 찐하게 걸렸다.
뜨거웠던 나의 여름 엔딩.

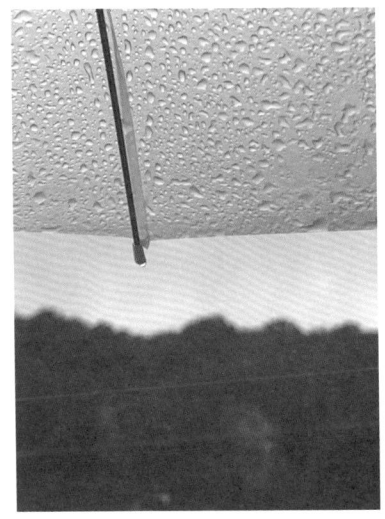

PART 4

PART 4

여름밤은 해가 길다

밤이 되면 그날 있었던 일들 중 몇가지를 되짚어보는 습관이 있다. 미리 생각해 둔다거나 계획적인 대단한 것은 아니다. 평범하거나 사소한 일들 중, 기억하고 싶은 것 한두 개는 꼭 생각이 나는 것만 같다. 빨래가 잘못 됐는지 좋아하는 티셔츠가 오늘따라 유난히 작게 느껴지던 일, 더위에 지쳐 걷다 기다림 없이 횡단보도를 건넌 일, 편의점에서 음료와 아이스크림을 고민하던 일 등등. 보통의 일들이 그날 밤의 이슈가 된다. 크게 오래 걸릴 일은 아니지만 여름밤이면 그 시간이 조금 길어지곤 한다. 날이 더워서인지 생각마저 늘어지는 탓이다. 이 '늘어진다'는 건 '처진다'는 느낌과는 결이 다르다. 여름밤이 주는 다양한 감각들, 이를테면 선풍기의 잔잔한 바람과 은근히 귀에 걸려오는 날갯소리, 활짝 열어둔 창문으로 저 멀리서 들려오는 약간의 짜증섞인 자동차의 클락션 소리, 열어둔 방문으로 조금씩 흘러들어오는 거실의 티비소리에 신경이 뺏겨 한 박자씩 생각이 밀리는 그런 느낌이다.

이 늘어지는 느낌이 내게 여름을 알려준다.

때문인지 덕분인지 실제로 여름밤이 겨울밤에 비해 짧은 것과는 다르게 나의 여름밤은 약간 긴 편이다. 낮이면 더운 걸 넘어 불덩이 같은 바깥 날씨에 집 밖을 나설 용기가 좀처럼 생기지 않는다. 모처럼의 점심약속은 이글거리는 태양을 핑계삼아 슬쩍 미뤄둔다. 오후 내 집에서 가장 시원한 곳에 찰싹 붙어 있다가 노을마저 거둬질 즈음 슬금슬금 활동을 시작한다. 반팔티 하나만 걸쳐 입으면 외출 준비가 끝난다는 사실이 참 다행이다. 낮에는 더운 숨을 불어대던 선풍기도 제법 시원한 바람을 불어준다. 조금 더운가 싶지만 더위보다 추위에 약한 나에게 여름밤은 무얼 하기에도 딱 적당한 날씨다.

어두운 풍경과 한낮의 더위가 물러간 뒤에 적당한 온도, 그리고 꽤나 습한 날씨는 시각 외의 감각을 한층 일깨운다. 집 앞 공원까진 10분 남짓이지만 걷다 보면 땀이 송글송글 맺힌다. 간간이 부는 바람이 더 반갑게 느껴지고 갑자기 날아드는 벌레들은 나를 놀래킨다. 평소 같았으면 일찍이 알아챘을까 싶은 자극들이 낯설지만 그다지 불쾌하진 않다. 약간의 긴장과 땀이 산들바람을 더 시원하게 해준다.

후각도 신을 내는데 이건 내가 비염을 앓고 있는 것과 무관하지 않다. 비염인인 나에게 여름밤은 최고의 시간이다. 습도가 높아지면 숨을 들이쉬는데 불편감이 절대적으로 줄어들고, 그 틈에 온갖 냄새와 향이 파도처럼 밀려온다. 알다시피 뜨거운 날씨 탓에 이런저런 불쾌한 냄새도 발효되어 두 배 세 배 짙어지지만 비염을 고쳐준 댓가로 삼으면 그냥 이해 해줄 만하다. 그리고 반가운 냄새들도 꽤나 많기에 오히려 고맙지 싶다.

여름밤은 역시 늘어지는 냄새가 난다. 여름밤 냄새가 모양을 갖는다면 분명 녹은 치즈 같이 주욱 풀어진 모양일 것이다. 여기저기서 끌려나온 냄새들. 이를테면 한낮의 더위를 한가득 머금고 밤이 되어서야 풀내음을 마음껏 뿜어내는 공원의 녹음, 자리를 잘 잡았는지 오늘도 제자리인 으슥한 그늘 주변 웅덩이의 물비린내, 볕을 피해 밤을 달리는 사람들의 퀴퀴한 땀냄새와 그들을 끌어당기는 여름밤 치킨집의 고소한 기름냄새 등등이 퍼지고 늘어지며 주변을 가득 채운다.

외출을 마치고 집에 들어와 에어컨을 틀어두고 시원한 샤워로 땀을 씻어낸다. 그리곤 침대에 몸을 던진다. 창문 틈 사이로 풀벌레 소리가 슬며시 밀려온다. 오늘에 대한 기억을 정리하며 다시 늘어지는 여름을 느끼다 잠에 든다.

어느 계절이건, 밤은 누구에게나 소중한 기억들을 남긴다. 그 중에서도 여름밤은 어릴적 꿈과 같은 유별남이 있다. 흐릿하지만 분명 보고 들은 것만 같은, 어쩐지 그런. 더위를 못이겨 늘어져버린 모든 게 예민해진 감각 위로 조심스럽게 느껴진다. 시간은 더디게 흐르고, 기억보다 감각이 오래 남을 것만 같은 여름밤이다.

사랑의 유영

나란히 누워 따스한 밤공기를 느끼다
매미 소리를 듣고는,

"매미는 저렇게 하루 종일 우는데, 지치지 않을까?"
"매미가 성충이 되고 수명은 길어야 한 달이래.
 그 짧은 기간 동안 사랑하려고 우는 거야!"

둘은 매미의 여름 사랑 이야기에 빠져
한참 시원한 유영을 한다.

부드러운 물살을 가르며 함께 헤엄치다
여름 사랑을 한다.

해 질 무렵

해 질 무렵 다리 밑을 지나가는
사람들을 세어 볼 때마다,
씻고 나와 선풍기 앞에서
입을 벌리고 아- 소리를 낼 때마다,
창문을 열면 훅하고 들어오는
뜨거운 공기에 숨이 막힐 때마다,
다시 뭉근하게 데워지면,
식어있는 이불에 몸을 부빌 때마다,
침대와 베개 사이에 손을 넣고
시원한 곳을 찾을 때마다,

여름이 오면 네 생각이 나.
쏟아지는 비를 맞으며 내가 웃었던 때,
우산 아래서 네가 빗물을 흘리던 때가.

그러니 안녕,
이번 여름엔 바람이 불었으면.

달님

태양을 얕보아
빨갛게 탄 피부
후끈후끈 열이 오른 피부

조금만 스쳐도 따갑다고
무섭도록 열을 냅니다.

까칠한 옷
그 속의
차갑고 연한 피부를
가만히 맞대는 이

금세 달아오를지라도
다시 한번

뜨거운 기운을
부드럽게 데려가는 이

태양을 얕보았음에도
두렵지 않았던 것은

주위를 맴돌며
밤낮 곁을 지키는
그대가 있는 까닭입니다.

다정이 머무는 밤

반딧불이는 자신이
검은 종이 위에 빛을 그리는 것을 알까.
그 찬란한 순간을 볼 수 있을까.
우리는, 스스로가 빛나는 순간을 볼 수 있을까.
여름밤을 비추자.
만월이 아니라도 같은 하늘을 빛내자.
부서지는 밤에 오래 가라앉아 있던 너를 데운다.
내일은 세상이 네게 조금 더 다정하길 바라본다.

잠들지 못한 여름

숨죽인 여름이 창가에 내려앉는다.
두 팔을 벌려 안으면
고요한 마음이 무너질까 두려웠다.
언젠가 숨이 차오르고
별빛도 조용히 흔들릴 때,
그저 손을 맞잡고 무너지지 않기를.
방향이 다른 게 아니라,
서로를 향해 천천히 눈을 맞추고 있었음을
비로소 알게 되었다.
잠들지 못한 여름이 흘렀다.

가을 감기

춥고 차갑고,
그런 건 겨울이 다 알려줬어.
너까지 그런걸 알려주려 한다면,
난 무더운 여름 밤으로 도망칠 거야.
아직 뜨거운 나에게,
여름은 보호색이 될 수 있도록.

無言歌

밤의 강 위에 떠 있는 달의 윤슬은
낮보다 찬란하기도 합니다.

밤하늘에 총총 박힌 별.
늘어진 버드나무와 은빛 강물.

물의 요정들은 잠이 오지 않는지
물방울을 살짝 건드려 소리를 냅니다.
물결에 간질인 강의 신이 미소 짓고요.

바람타고 얽히고설키는 그들의 노래는
한여름밤의 왈츠가 되어 잔잔한 흥분을 불러일으킵니다.

가사 없는 노래에 맞춰 춤을 춥니다.

잔디밭은 발소리를 삼켜주고
어둠과 달빛은 표정을 숨겨주니
박자가 맞지 않아도 괜찮을 듯합니다.

무언가 깨기 싫은 밤입니다.

김도현 청춘극 1(p.48), 청춘극 2(p.50), Drowning(p.57), 장마소년(p.82), 가을 감기(p.110)　**김아빈** 여름 맛 이야기(p.16), 미식(p.33), 여름의 잔상(p.60), 호시절(p.63), 여름 감기(p.87), 無言歌(p.112)　**김지현** 파동(p.64), 달님(p.105)　**박가람** 여름밤은 해가 길다(p.94)　**이민서** 순두부 냉모밀 레시피(p.24), 여름 한 컵(p.28), summer breeze!(p.35), 짝짝이 장화 그림(p.76), 사랑의 유영(p.101)　**최찬솔** 오늘도 비가 옵니다(p.72), 고소한 여름(p.27), [여름, 여름과 여름](p.30), 내일로(p.53), 오직 하나(p.54), 툭(p.80), 해 질 무렵(p.102)　**하지수** 여름의 온도(p.42), 영원의 여름(p.59), 빗속에서 춤추는 법(p.79), 무지개(p.85), 다정이 머무는 밤(p.106), 잠들지 못한 여름(p.108)